Слова мудрості

Розділи з Біблії для дітей

Коли я прислухаюсь до добрих порад і підказок від інших, я поводжусь мудро. Так я дізнаюся, що дійсно важливо і дізнаюсь щось нове!

«Хай послухає мудрий і примножить науку...»

(Приповісті 1:5)

Коли я поважаю Бога і Його Слово, я поступово стаю мудрим.

«Страх Господній початок премудрості...»

(Приповісті 1:7)

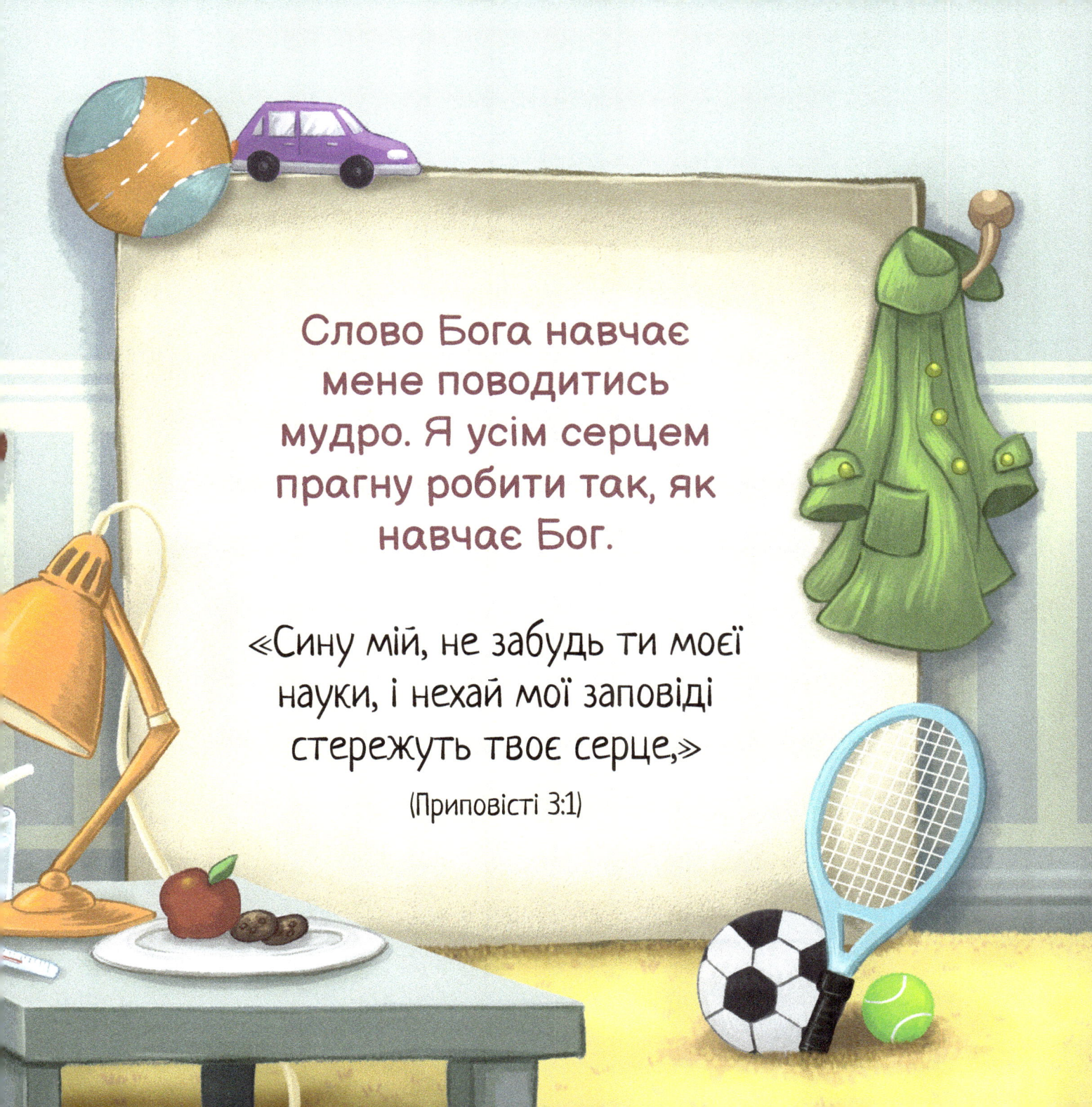

Слово Бога навчає мене поводитись мудро. Я усім серцем прагну робити так, як навчає Бог.

«Сину мій, не забудь ти моєї науки, і нехай мої заповіді стережуть твоє серце,»

(Приповісті 3:1)

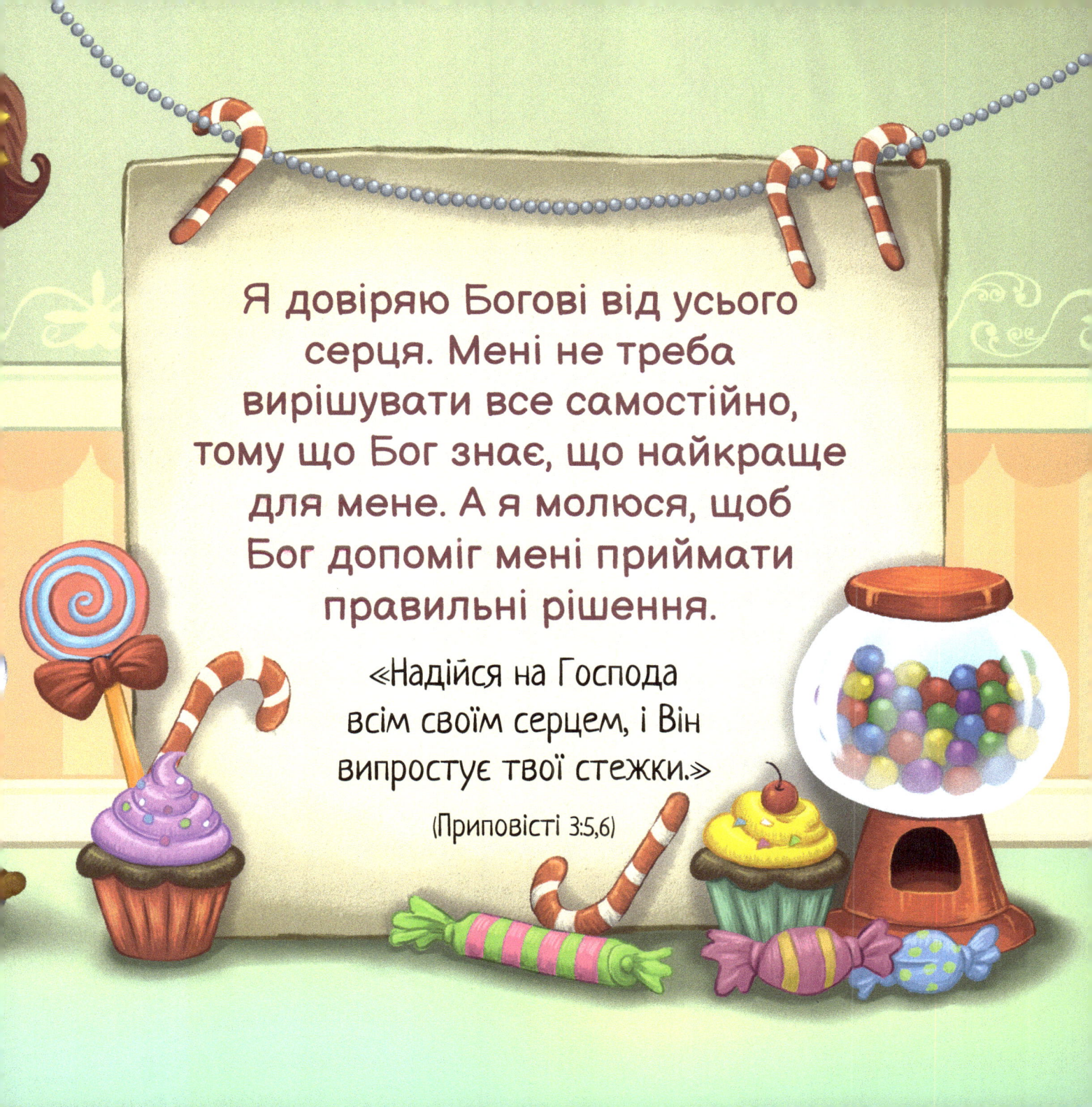

Я довіряю Богові від усього серця. Мені не треба вирішувати все самостійно, тому що Бог знає, що найкраще для мене. А я молюся, щоб Бог допоміг мені приймати правильні рішення.

«Надійся на Господа всім своїм серцем, і Він випростує твої стежки.»

(Приповісті 3:5,6)

Коли я роздумую про те, що є добро, тоді я щасливий і гарно ставлюся до інших.

«Над усе, що лише стережеться, серце своє стережи...»

(Приповісті 4:23а)

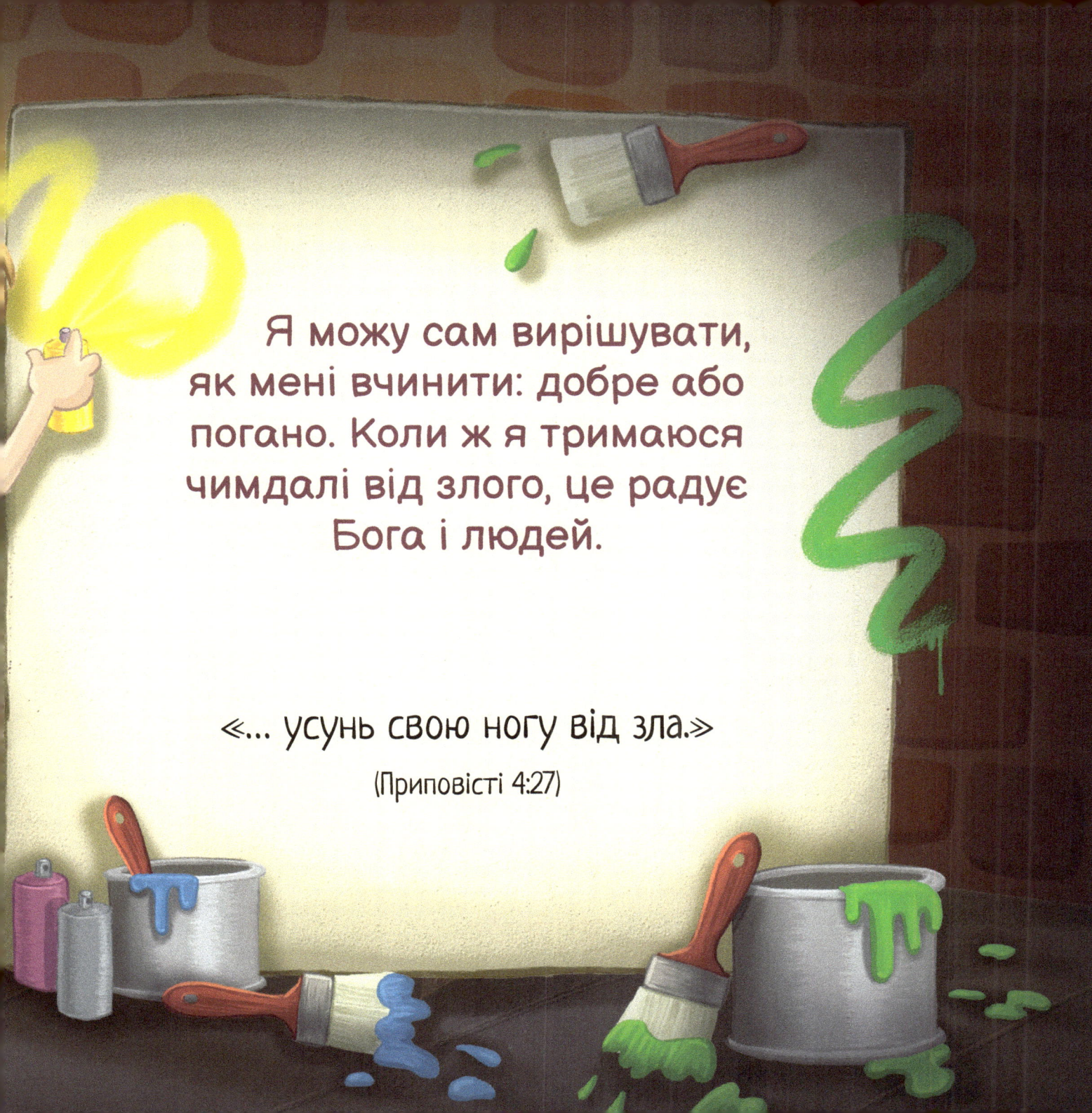

Я можу сам вирішувати, як мені вчинити: добре або погано. Коли ж я тримаюся чимдалі від злого, це радує Бога і людей.

«... усунь свою ногу від зла.»

(Приповісті 4:27)

Коли я ділюся тим, що у мене є, з іншими, Бог благословляє мене. Я щасливий, коли піклуюся про людей, і це їм приносить радість.

«Душа, яка благословляє, насичена буде.»

(Приповісті 11:25)

Мені треба постійно виконувати мої завдання старанно і відповідально. Це не завжди легко, але коли я бачу, що все добре виконано, мені приємно і тоді я відчуваю Боже благословіння.

«Кожна праця приносить достаток...»

(Приповісті 14:23)

Я хочу бути справжнім другом, тому я маю бути люб'язним завжди, а не тільки тоді, коли я хочу отримати щось натомість.

«Правдивий друг любить за всякого часу.»

(Приповісті 17:17)

Коли я відповідаю лагідно, це допомагає звільнитися від недобрих почуттів. Коли я відповідаю злісно, це провокує в людях гнів.

«Лагідна відповідь гнів відвертає.»

(Приповісті 15:1а)

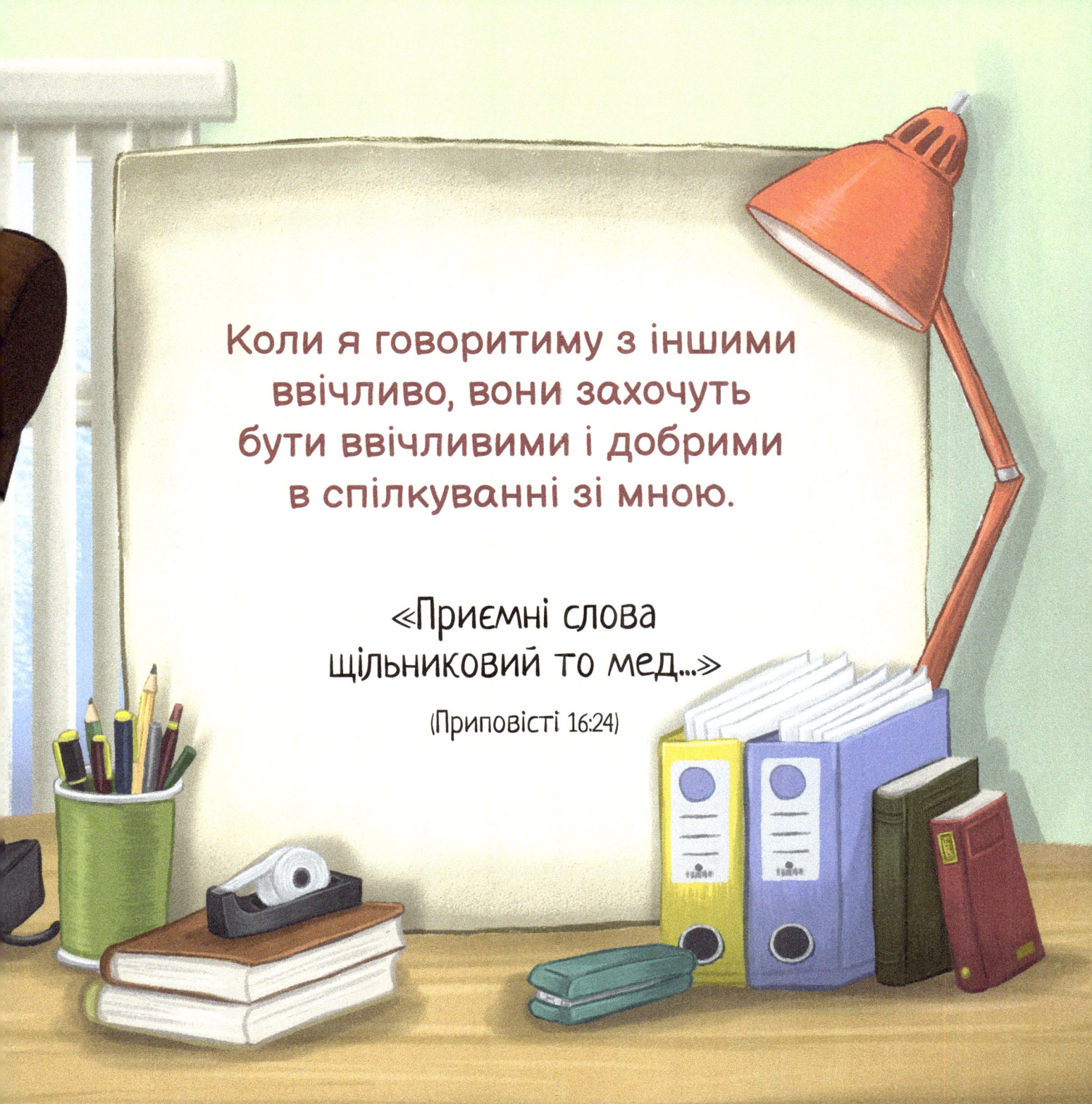

Коли я говоритиму з іншими ввічливо, вони захочуть бути ввічливими і добрими в спілкуванні зі мною.

«Приємні слова щільниковий то мед...»

(Приповісті 16:24)

Найкраще бути завжди чесним, тому що Бог все знає. Бог бачить, коли я поводжусь гідно, і Бог бачить, коли я чиню негідно.

«Очі Господні на кожному місці, позирають на злих та на добрих.»

(Приповісті 15:3)

Коли я молюся і прошу у Бога допомагати мені в моїх справах, у мене все виходить набагато краще.

«Поклади свої чини на Господа, і будуть поставлені міцно думки твої.»

(Приповісті 16:3)

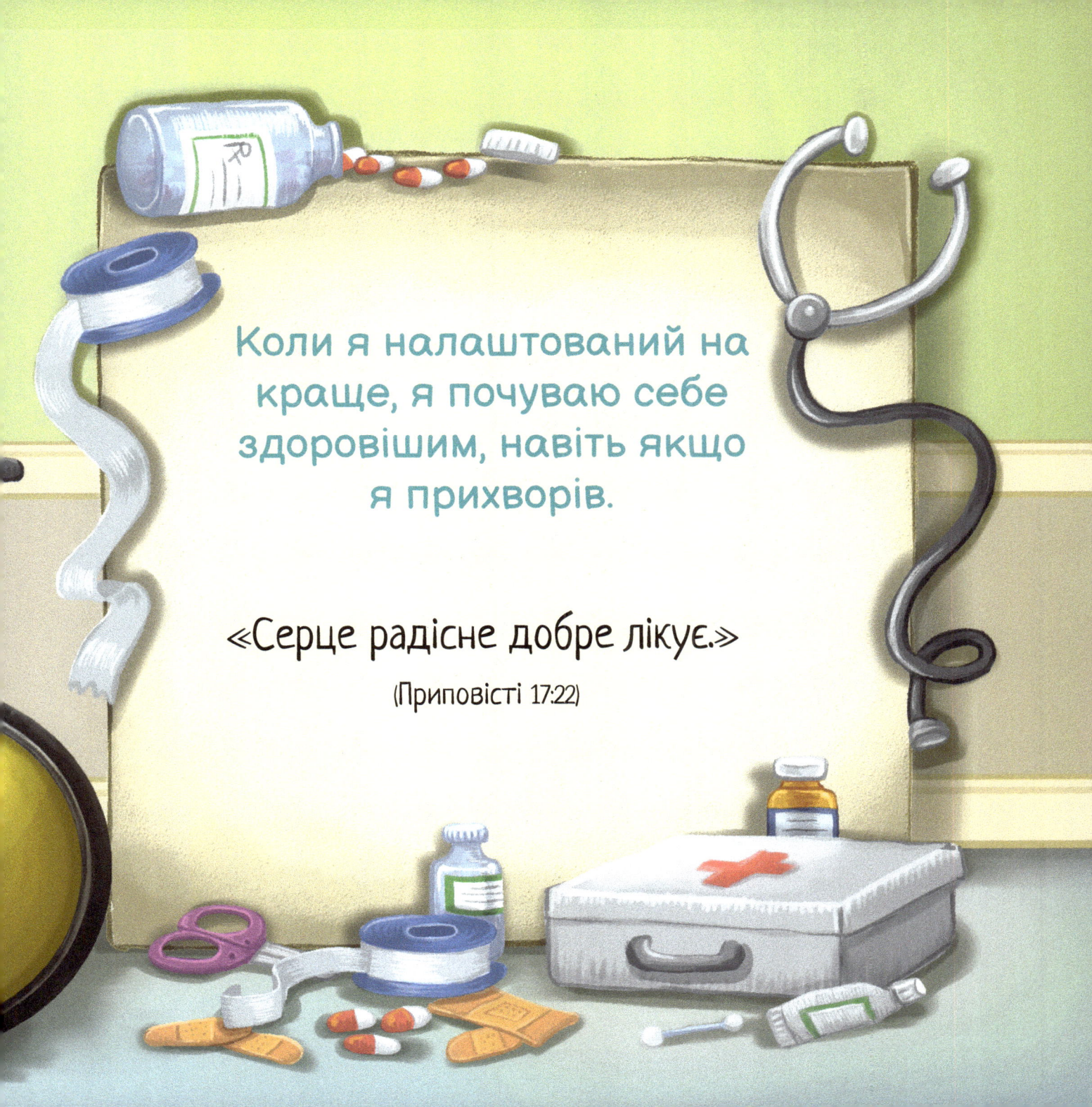

Я хочу навчитися якомога більше новому, щоб з роками мені бути розумним і мудрим.

«Слухай ради й картання приймай, щоб мудрим ти став при своєму кінці.»

(Приповісті 19:20)

 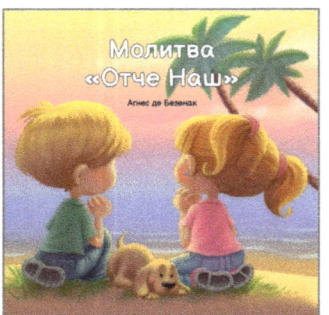

Інші книги з цієї серії:

Опубліковано: iCharacter Ltd. (Ireland)
www.icharacter.org
Складено: Агнес де Безенак
Переклад: Наталія Феррейра
Авторське право 2020.

Авторське право © 2020 iCharacter Ltd. Усі права захищені. Ніяка частина цієї книги не може бути відтворена у будь-якій формі або будь-яким електронним або механічним способом, включаючи системи зберігання і пошуку інформації, без письмового дозволу видавця або автора, за винятком випадків, коли рецензент може процитувати короткі уривки, використані в критичних статтях або в рецензії.

www.ingramcontent.com/pod-product-compliance
Lightning Source LLC
Chambersburg PA
CBHW040012080526
44586CB00028B/2984